Fenchel

Bruno Ciccaglione

aus dem Italienischen
von Sandra Schmidt

Mit Illustrationen von
Linda Wolfsgruber

mandelbaums *kleine gourmandisen*
N° 26

www.mandelbaum.at
www.mandelbaum.de
ISBN 978-3-85476-845-6

2. Auflage 2022
Übersetzung: Sandra Schmidt
Lektorat: Michael Baiculescu
Satz und Umschlaggestaltung: Michael Baiculescu
Illustrationen: Linda Wolfsgruber
Druck: Interpress, Budapest

DAS PARADOXON DES FENCHELS

Die Geschichte des Fenchels nimmt seit einigen Jahren eine neue Wendung. Wie viele andere Gemüsesorten hatte er lange Jahre ein kulinarisches Nischendasein gefristet, während er sich heute wachsender Beliebtheit erfreut und besonders in Europa immer häufiger verzehrt wird. Doch diese Erfolgsgeschichte präsentiert sich als Paradoxon: Obschon das Gemüse längst zu jeder Saison leicht zu finden ist, und zwar so weit, dass es seit einigen Jahren praktisch in jeder Gemüseabteilung eines Supermarktes ausliegt, bleibt sein Potenzial in der Küche doch wenig genutzt. Viele beschränken sich darauf, es fast immer auf die gleiche Art und Weise zuzubereiten: gekocht und mit einer Sauce angerichtet oder roh im Salat.

Wenngleich also der Fenchel mittlerweile ein sehr verbreitetes und viel gegessenes Gemüse ist, scheint sein wachsendes Ansehen bei den VerbraucherInnen nicht im Reichtum der Zubereitungsvarianten zu gründen. Die Bedeutung verdankt Fenchel – so vermute ich – sehr viel mehr seinem Nährstoffgehalt (Stichwort: gesunde Ernährung), als der Wertschätzung seines Geschmacks und seiner kulinarischen Vielseitigkeit.

Mit anderen Worten: In einer Gesellschaft wie der unsrigen scheint sich die Idee, Essen sei vor allem ein Sich-Ernähren – und damit einhergehend eine wachsende Aufmerksamkeit für die Lebensmittelchemie und die enthaltenen Nährstoffe – ebenso immer weiter durchzusetzen, wie jene, Kochen sei eine Ansammlung von »korrekten« Techniken, die wir von Experten zu lernen hätten – nämlich den Sterneköchen aus Fernsehprogrammen, die wie Hohepriester einer absoluten Wahrheit präsentiert werden.

Für mich hingegen ist das Essen sowohl ein sozialer Akt – ist doch gemeinsames Kochen und Essen eines der konstitutiven Merkmale der Geselligkeit aller menschlichen Gemeinschaften – als auch ein kultureller Akt. Denn die Küche ist für mich das Ergebnis des gemeinsamen und geteilten Wissens einer Gemeinschaft: Kochende Menschen tauschen Rezepte aus, jeder passt sie an, verändert sie oder probiert unzählige kleine Abwandlungen, je nach Geschmack oder den Produkten, die es in seiner Gegend gibt. Und all das geschieht, ohne dass man eine der Varianten als »richtig« oder »falsch« etikettieren könnte.

Also: Der Fenchel ist nicht nur ein Gemüse, das sich aufgrund seiner Nährstoffe als idealer Verbündeter erweist, wenn es um kalorienarme Diäten im Rahmen einer Abmagerungskur geht! Was uns in diesem Buch vielmehr interessiert, ist, die Fähigkeiten des Fenchels zu zeigen, mit seinem intensiven Aroma vielen Gerichten eine besondere Note zu verleihen.

Deshalb möchten wir den Zauber ergründen, der von diesem Gemüse seit der römischen und griechischen Antike und bis heute ausgeht. Und zwar so sehr, dass er zu einem heißgeliebten Symbol für kriegerische und sexuelle Stärke geworden ist.

Was ist heute noch davon übrig geblieben, dass dieses Nahrungsmittel im Mittelalter für ein geweihtes Kraut gehalten wurde, das man in der Heilpflanzenkunde als Mittel zur Bekämpfung allen Übels einsetzte?

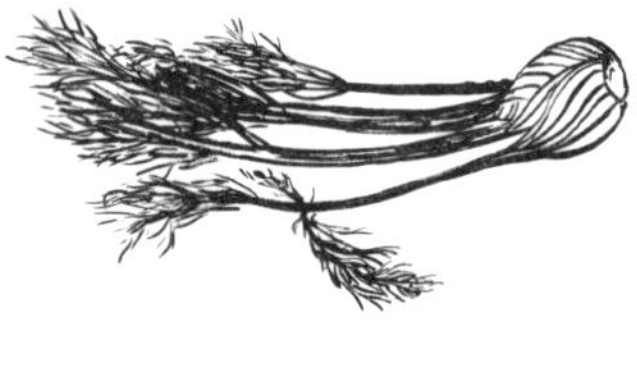

Mir wäre vor allem daran gelegen, dass sich der Leser und die Leserin dem intensiven Aroma des Fenchels hingeben, der seit Jahrhunderten – sowohl in den kultivierten als auch in den wildwachsenden Sorten – so viele Rezepte bereichert hat. Haben sich seine Aromen erst einmal in unseren Küchen ausgebreitet, dann wird es uns womöglich auch gelingen, ein glücklicherweise noch nicht völlig verschwundenes Ritual wieder mit neuem Leben zu füllen: das gemeinsame Kochen und Essen.

MYTHOLOGIE, GESCHICHTE UND LEGENDEN

»Fenchel« ist leicht gesagt! Doch ein Bürger des antiken Griechenlands oder Roms hätte damit eine andere Pflanze bezeichnet als jene, die wir heute aus dem Supermarkt kennen. Die Art *Foeniculum vulgare* kennt zwei Hauptvarietäten: den *wilden Fenchel* – eine wild wachsende und aus dem Mittelmeerraum stammende Pflanze mit einem Stängel, der gut zwei Meter hoch wachsen kann –, und der Gezüchtete, der seit circa 1500 angepflanzt und in Italien mit dem Adjektiv *süß* versehen wird. In Frankreich hingegen bezeichnet man als *Süßfenchel* eine Variante ohne weiße Knolle, die dem wilden Fenchel, auch Gewürzfenchel genannt, ähnlich ist.

Der lateinische Name *foeniculum* stammt vom Wort *foenum* (Heu) ab, vermutlich weil die Form der Fiederblätter des Wildfenchels an Heu erinnern. Während der Süßfenchel, also der angebaute, sehr verbreitet und leicht aufzutreiben ist, ist das Vorkommen des Wildfenchels fast ausschließlich auf den Mittelmeerraum begrenzt, wo die Pflanze wild wächst.

Wie häufig bei Pflanzen und Früchten, die aus dem Mittelmeerraum stammen, finden wir auch beim Fenchel zahlreiche Bezüge in der antiken Mythologie und Literatur. So spielt der Riesenfenchel in einigen Versionen der Prometheus-Sage eine wichtige Rolle für das Gründungsmoment der Zivilisation, ist er doch zentral für die Verbreitung des Feuers. Wie bekannt, ist Prometheus der Held, dem der Göttervater Zeus die Aufgabe anvertraut, aus Lehm den Menschen zu formen. Als ihr materieller Schöpfer betrachtete Prometheus diese als seine Schützlinge. So ist er es, der die Menschen mit Intelligenz und Gedächtnis ausstattete.

Prometheus ist bis heute ein Symbol für Rebellion und die Herausforderung von Autoritäten. Seine Geschichte ist auch eine Metapher für das Streben nach Wissen, das ohne Anleihen bei Mythen und Aberglauben für einen zivilisatorischen Fortschritt der Menschen steht. Dieses Bild hängt größtenteils mit der Legende über den Raub des Feuers zusammen.

Als der Göttervater Zeus beginnt, die Menschen für zu gefährlich und respektlos zu halten, garantiert Prometheus ihnen seinen Schutz. So greift er zu einer List, als es während eines Gastmahls darum geht, das Essen an die Anwesenden – sowohl Menschen als auch Götter – auszuteilen: Er täuscht die Götter derart, dass sie lieber Knochen und Fleischreste essen und so die besseren und schmackhafteren Teile des Fleisches den Menschen vorbehalten bleiben. Der Zorn des Göttervaters mündet in der Entscheidung, die Menschen und ihre Dreistigkeit zu bestrafen, indem er ihnen das Feuer vorenthält, um sie so auf eine niedere Stufe der Zivilisation hinabzusetzen.

Prometheus gelingt es mit Verschlagenheit und Wagemut einen Funken vom Olymp zu stehlen, ihn im Hohlraum eines Pflanzenstängels versteckt aus dem *Haus der Götter* zu schmuggeln und so den Menschen das Feuer wiederzubringen. In einigen Versionen des Mythos wird das benutzte Versteck als Fenchelstängel bezeichnet (eine eindeutige Identifizierung der Pflanze ist natürlich nicht möglich). Der Fenchel – oder ein naher Verwandter des Fenchels – steht also gewissermaßen am Ursprung des

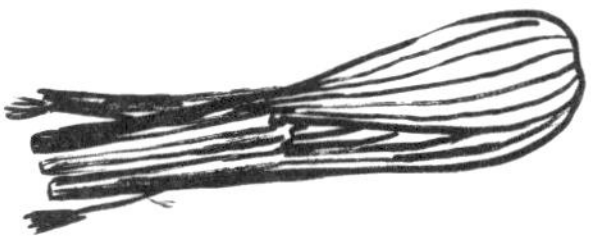

Feuers und damit der Möglichkeit, Speisen zuzubereiten, was – wie wir wissen – ein zentrales Moment in der Entwicklung der menschlichen Zivilisation ist.

Der Fenchel ist sogar mit der heroischen Erzählung der Mutter aller Schlachten, nämlich jener von Marathon, verbunden: Fenchel heißt im Griechischen *máratho* (μάραθο) und der Ortsname Marathon bezeichnet eine Ebene, in der viel Fenchel vorkommt. Vielleicht hat die Erinnerung an diese Schlacht den Glauben entstehen lassen, der Fenchel sei ein Symbol kriegerischer Männlichkeit. Auch wenn der Fenchel in der Antike nicht das Nahrungsmittel war, das wir heute kennen, sondern vielmehr als aromatisches Gewürz und Kraut mit heilenden Eigenschaften galt, wurde er verzehrt. Genauso übrigens wie auch seine *Samen* – die in Wahrheit die Frucht der Pflanze sind –, die wegen ihrer regenerativen und erfrischenden Wirkung gegessen wurden. Der Überlieferung zufolge sollen die römischen Gladiatoren besonders viele davon gegessen haben, bevor sie die Arena betraten.

Die Menschen in der Antike haben also dem Fenchel kraftspendende Eigenschaften zugeschrieben, ihn aber auch als Element der Fruchtbarkeit mit sinnlicher Ausschweifung und Regellosigkeit in Verbindung gebracht. Plinius der Ältere preist in seiner *Naturgeschichte* die aphrodisische Kraft des Fenchels, die sich nach mehreren hochkonzentrierten Tees einstelle. Diese Vorstellung hat eventuell damit zu tun, dass die gelbe, wohlriechende Blüte der Fenchelpflanze Adonis, Sohn und Liebhaber der Venus, geweiht wurde.

Seiner Sinnlichkeit und Schönheit wegen von Frauen und ebenso von Männern verehrt, war Adonis eine ambivalente und betörende Schönheit zu eigen. Nach ihm sind die *Adonis-Gärten* benannt. Dabei handelte es sich um Gefäße, in die Weizen, Gerste, Blattsalate und Fenchel gesät wurden: Eine Darstellung der vitalen Kraft der Natur in Miniatur, die im Frühling in ihrer ganzen farbigen Fülle aufblüht.

Die Assoziation des Fenchels mit sexueller Zügellosigkeit hängt wahrscheinlich auch mit den Beschreibungen der überschwänglichen Feste bei Dionysos, dem Gott der Ekstase, zusammen, bei denen sich die Hohepriester des dionysischen Vergnügens mit aus Fenchel geflochtenen Kränzen schmückten.

Die Schule der Salerner, die erste und wichtigste medizinische Einrichtung Europas im Mittelalter (9. Jahrhundert), lehrte, dass der Fenchelsamen, wird er mit Wein getrunken, die »Lüste der Venus« anregt und die Kraft besitzt, bei Älteren eine jugendliche Stärke wiederzuerwecken.

Mythologie, Volksglauben, Aberglauben, Wissen um die Natur: All das hat zu einer sehr reichen Symbolik beigetragen, die ausgehend vom Mittelmeerraum in ganz Europa – und dann in der ganzen Welt – das berauschende und sinnliche Aroma des Fenchels verbreitet hat.

DAS F-WORT IM ITALIENISCHEN

Bedauerlicherweise ist die italienische Sprache sehr reich an Schimpfwörtern, mit denen homosexuelle Männer in beleidigender und abwertender Manier bezeichnet werden. Hier gibt es vermutlich sogar mehr solcher Begriffe als in anderen Sprachen, was an der dialektalen Vielfalt Italiens liegen könnte. Das Wort *Fenchel* ist einer der bekanntesten und am meisten benutzten Ausdrücke, insbesondere im Norden und in der Mitte Italiens, allerdings nicht der beleidigendste oder vulgärste. Über den Ursprung dieser Verknüpfung des Fenchels und seiner Frucht mit männlicher Homosexualität ist viel spekuliert worden. In der Darstellung der Symbolik, die seit der Antike mit dem Fenchel verwoben ist, haben wir bereits auf die sexuelle Ambiguität von Adonis (Sohn und Liebhaber der Venus, von Männern und Frauen geliebt) und die sexuelle Zügellosigkeit in den Riten zu Ehren des Gottes Dionysos hingewiesen. Doch es wäre ein Fehler, den Ursprung des Gebrauchs des *F-Wortes* zur Verunglimpfung von Homosexuellen in solch antiken Zeiten zu verorten. Auch die These, die Verbindung des Fenchels mit männlicher Homosexualität gehe auf die aus dem Mittelalter überlieferte Praxis zurück, Fenchel bei Verbrennungen vermeintlicher Sodomiten auf dem Scheiterhaufen zu benutzen, um den Geruch von verbranntem Fleisch zu überdecken, entbehrt – so plakativ sie auch sein mag – offenbar jeglicher Grundlage. Ein weiterer Erklärungsversuch besagt, der Ursprung des Wortes in Bezug auf Homosexuelle habe damit zu tun, dass die Fenchelpflanze eine agamogonische Pflanze ist, also eine, die sich ohne Bestäubung und somit ohne Zutun des anderen Geschlechts reproduziert.

Was wir sicher wissen ist, dass diese Bedeutung des Wortes erst 1863 erstmals in einem toskanischen Wörterbuch auftaucht. In der Toskana gibt es auch eine Maske, die in der Commedia dell'Arte verwendet wird, die *Finocchio* heißt und eine Figur von ausnehmender und lächerlicher Dummheit bezeichnet, aber keinen Bezug zu Homosexualität herstellt.

Die wohl zutreffendste Etymologie des Begriffs setzt die aktuelle Bedeutung des *F-Wortes* mit einer langen Tradition in Beziehung: Es wurde schon seit dem Mittelalter als abwertendes Adjektiv für eine untüchtige, treulose Person oder einen verachtenswerten Menschen benutzt. In jüngerer Zeit ist daraus demnach die aktuelle übertragene Bedeutung entstanden.

Der Dichter Dante Alighieri (1265–1321), Autor der *Comedia*, die als *Göttliche Komödie* berühmt geworden ist, gilt als Vater der italienischen Sprache.

In einem apokryphen Vers, der Dante Alighieri zugeschrieben wird, finden wir den Ausdruck *Fenchel* in der Bedeutung *Betrüger*:

E quei, ch'io non credeva esser finocchi,
ma veri amici, e prossimi, già sono
venuti contra me con lancie, e stocchi.

Und jene, von denen ich nicht glaubte, sie wären finocchi,
sondern für echte Freunde hielt, und mir Nahestehende,
haben sich in Wahrheit mit Speer und Schild gegen mich gestellt.

Die aktuelle übertragene Bedeutung des *F-Wortes* scheint auch mit der Praxis zusammenzuhängen, Fleisch und insbesondere Würste mit Fenchelsamen zu aromatisieren. Diese Tradition gründet in dem Umstand, dass Fenchelsamen leicht zu bekommen sind und einen eher bescheidenen kommerziellen Wert besitzen. Das erlaubte schon in der Vergangenheit, Fleisch zu aromatisieren, ohne auf die sehr kostspieligen Gewürze orientalischer Provenienz zurückgreifen zu müssen. In der Toskana sagt man: »Du bist wie der Fenchel in der Wurst!«, um seinem Gegenüber mitzuteilen, dass es nichts wert sei. Demnach ist die Bedeutung des *F-Wortes* von einer *Sache oder Person mit geringem oder keinem Wert* zur Bezeichnung eines *erbärmlichen Menschen* übergegangen, einem Menschen, der keinen Wert hat, auch wegen seiner sexuellen Orientierung.

Die Achtsamkeit im Umgang mit homophoben Ausdrücken ist in Italien heutzutage zum Glück viel größer als in der Vergangenheit und auch das *F-Wort* wird in seiner beleidigenden Bedeutung immer seltener benutzt, vor allem in der jüngeren Generation.

Das wachsende Ansehen, das das Gemüse erlebt – nicht zuletzt angesichts der Tendenz mehr Pflanzliches und weniger Fleisch zu essen –, trägt zusätzlich zu diesem Ergebnis bei. Vielleicht kann man ja in einigen Jahren auch in Italien das *F-Wort* einfach wieder benutzen, ohne ein Missverständnis befürchten zu müssen.

DER WAHNSINN OPHELIAS

Wir fügen der traditionellen Symbolik, die gemeinhin mit dem Fenchel und seinen Früchten assoziiert ist, eine weitere hinzu, von der zwar nur wenige Spuren in der zeitgenössischen Kultur zu finden sind, die uns aber eine außergewöhnliche Sichtweise bietet.

Es geht um den Fenchel in einer berühmten Szene des *Hamlet*, der Tragödie *The Tragedy of Hamlet, Prince of Denmark*, die Shakespeare zwischen 1600 und 1602 geschrieben hat; zu einer Zeit also, in welcher der Anbau des Süßfenchels relativ neu war, hatte er doch in den Mittelmeerregionen erst weniger als ein Jahrhundert zuvor begonnen. Daher ist sehr wahrscheinlich, dass sich die Bezugnahme im Hamlet auf den wilden Fenchel bezieht, der seinerseits bereits seit der Antike bekannt war.

Es ist Ophelia, die in dieser berühmtesten Tragödie des englischen Dramatikers einen Fenchel sowohl als Objekt einer Szene als auch im rezitierten Text auf die Bühne bringt. Und zwar in der berühmten Szene, in der sich ihr vermeintlicher Wahnsinn offenbart. Kurz zur Rekapitulation der Handlung: Prinz Hamlet von Dänemark grübelt, wie er den Tod seines Vaters rächen soll. Der war von seinem Bruder Claudius ermordet worden, der nicht nur dessen Platz auf dem Thron eingenommen hatte, sondern auch jenen des Ehemanns von Hamlets Mutter Gertrude. Ophelia ist die Tochter des Polonius, Oberkämmerer des Hofes, und ihre Liebschaft mit Hamlet wird durch immer offenere Ränkespiele im Konflikt zwischen ihm und dem neuen König in Mitleidenschaft gezogen. Hamlet verlässt Ophelia und tötet im Verlauf des Palastkonfliktes ihren Vater Polonius. Ophelia wird letztlich ertrinken, wobei unklar bleibt, ob es Selbstmord war oder andere mysteriöse Gründe dazu führen. Die Figur Ophelias ist tatsächlich eine Nebenfigur der Tragödie und hat doch seit Jahrhunderten große Diskussionen und faszinierende Interpretationen hervorgebracht. Auch deshalb hat sie wohl viele Künstler inspiriert, die sie in berühmt gewordenen Gemälden festhielten. Das bekannteste ist vermutlich jenes des präraffaelitischen Malers John Everett Millais, entstanden zwischen 1851 und 1852, in dem Ophelia, vollständig bekleidet und von Blumen und bunten Blättern umgeben, in einem Wasserlauf versunken ist. Viele Analysen des Textes kreisen um die Frage nach ihrem Wahnsinn: Wird Ophelia tatsächlich wahnsinnig oder simuliert sie ihn lediglich? Ähnlich viele Fragen ranken sich um das Geheimnis ihres Todes. Gewiss ist mithin, dass sie auf Gemälden häufig zusammen mit Pflanzen und Blumen dargestellt wird, die sie selbst im Verlauf der Tragödie auf die Bühne bringt. In der bekannten Szene betritt Ophelia, offensichtlich wahnsinnig geworden nachdem Hamlet sie verlassen und ihren Vater getötet hat, die Bühne mit Blumen und Pflanzen und bietet sie als Gabe verschiedenen Personen an.

Offenkundig drückt die Auswahl der Pflanzen und die mit ihnen verbundene Symbolik Ophelias Gedanken und Urteile über die Beschenkten aus.

Für einige Interpreten belegt dies, dass Ophelia keineswegs wahnsinnig geworden war, sondern vielmehr einen eleganten Weg wählt, all ihre Wut und ihre Verachtung für den Hof und seine Angehörigen kundzutun, und das ohne den König oder die Königin dabei direkt anzugreifen. Dies wohl auch, weil sie noch Hoffnung auf eine wie auch immer geartete Revanche durch ihren Bruder Laertes hegte. Dem Bruder schenkt sie Rosmarin, »das ist für die Treue« (»*There's rosemary, that's for remembrance*«), eine klare Aufforderung, die Verantwortlichen für den Tod ihres Vaters nicht zu vergessen. Aber auch Vergissmeinnicht, »das ist zum Andenken« (»And there is pansies, that's for thoughts«). Dann wendet sich Ophelia an den König und hier ist ihr Spiel subtil: Dem Souverän bietet sie Fenchel und Akelei (»There's fennel for you and columbines«). Das zeitgenössische Publikum war vermutlich imstande, die Bedeutung dieser Symbole, die für uns heute schleierhaft bleiben, sofort zu verstehen: Der Fenchel – so beschreiben es Kenner der damaligen Zeit – galt als Symbol für Schmeichelei und Ehrerbietung dem König gegenüber, die Akeleien hingegen wurden im Allgemeinen mit Ehebruch, Liebestäuschung und auch Wahnsinn assoziiert. Im Übrigen sagt ein altes englisches Sprichwort: »Wer Fenchel sät, sät Traurigkeit« (»*Sowing fennel is sowing sorrow*«). Für die Königin und für sich selbst hingegen hält Ophelia Weinraute bereit, eine Gewürzpflanze bitteren Geschmacks, die hier ebenfalls an die Untreue der Ehepartner erinnert. Sie hätte Veilchen schenken wollen, sagt Ophelia außerdem, das Symbol der Treue und Anstand, aber »sie welkten alle, da mein Vater starb«. Eher als vom Wahnsinn der Ophelia sollte man daher wohl über ihren Mut sprechen, trotz der offensichtlichen Gefahren den König und die Königin herauszufordern, indem sie sie mit der bitteren Wahrheit konfrontiert.

EINE QUÄLENDE SCHÖNHEIT

Der Fenchel ist, trotz seiner reichen Symbolik, die sich, wie wir gesehen haben, bereits seit der Antike entwickelt hat, im Vergleich zu anderen Gemüse- und Obstsorten in der Malerei nicht besonders häufig dargestellt worden. In Stillleben sind andere Sorten Obst und Gemüse sehr viel prominenter vertreten, seien es die Äpfel bei Cèzanne, die Trauben bei Caravaggio, die Zitronen bei Guttuso und so weiter. Selbst Arcimboldo, dessen menschliche Figuren oft aus einem Agglomerat von Obst und Gemüse bestehen, hat aus seiner enormen Palette den Fenchel ausgeschlossen; nicht einmal in den berühmten Kompositköpfen der *Vier Jahreszeiten* kommt er vor.

So ist der Fenchel in der Malerei selten, zumindest bei den am meisten gefeierten Gemälden der internationalen Kunstwelt. Wir finden ihn zum Beispiel in einigen bekannten Stillleben des aus den Marken stammenden Barockmalers Carlo Magini. In seinen Bildern aus der Zeit um 1760 stechen die realistische Abbildung und die kräftigen Farben hervor. Der Fenchel wird dabei in seiner doppelten symbolischen Bedeutung benutzt, nämlich einerseits als Symbol für Kraft und Stärke und andererseits als Metapher für Betrug und Täuschung. Der Maler spielt unter anderem durch die Abbildung des Fenchels auf die *Vanitas* an, also das zentrale Motiv der Vergänglichkeit des Lebens. In einem dieser Bilder präsentiert Magini neben zwei großen Fenchelknollen im Vordergrund zwei Stücke Fleisch (man würde meinen: Kalbsrippen), die so frisch wirken, als sei das Tier soeben erst geschlachtet worden. Die Symbolhaftigkeit scheint auf der Hand zu liegen: einerseits das Fleisch mit seinen Verlockungen und andererseits die Blendung, in deren Zuge das Fleisch zum Motiv der Sünde mutieren kann. Dahinter erzählen ein Kerzendocht und eine nur mit Papier schlecht verschlossene Korbflasche Wein vom Verfall aller Dinge, der über der Gegenwart schwebt: Das erloschene Licht und der Wein, der zu kippen droht. Und wir hängen inmitten dieses Ensembles am seidenen Faden ebenso auf der Kippe, wie die Kaffeetasse und das Messer im Vordergrund.

Ein anderes, vielleicht bekannteres Beispiel ist die *Madonna mit Jesuskind* (1907–1908) der österreichischen Malerin Marianne Preindlsberger-Stokes, die primär in England arbeitete, wohin sie nach ihrer Heirat mit dem englischen Maler Adrian Stokes gezogen war. Ihre Madonna mit Schleier greift deutlich auf die lange Tradition ähnlicher Darstellungen von Raffael oder Umberto Giunti zurück, in denen die Madonna den Schleier anhebt, um das Wunder des Mensch gewordenen Gottes zu zeigen. Der Blick ist voller Wehmut, vielleicht weil die Mutter bereits um das leidvolle Schicksal des Kleinen weiß: Im Hintergrund des Gemäldes sehen wir deutlich die Sträucher voller Dornen, welche den Kranz vorwegnehmen, den er im Moment seiner Opferung tragen wird. Doch gemeinsam mit den Dornen sehen wir die Blüten des Wildfenchels, das Symbol der Kraft: Es ist eines der seltenen Beispiele, in denen die Blüten des Wildfenchels in einem Gemälde auftauchen und es ist ein Bild von quälender Schönheit.

DER FENCHELSAMEN

Schon seit dem 14. Jahrhundert ist der Fenchelsamen, der in Wahrheit die Frucht der Pflanze namens *Foeniculum vulgare* ist, ein in der Küche und auch in der Pflanzenheilkunde weit verbreitetes Produkt. Im Unterschied zu den Gewürzen orientalischer Herkunft, die früher sehr viel kostspieliger und außerhalb der Höfe schwieriger zu beschaffen waren, galt der Fenchelsamen als ein »Gewürz der armen Leute«. In der Küche nutzen wir ihn, um unseren Gerichten eine besondere Note zu geben und als Zutat bei selbst gemachten Broten, Kräckern oder Grissini. Im Mittelmeerraum, wo milde Winter die Reifung von Schinken, Salami, Würsten und anderen Produkten aus der Schweineschlachtung in Pfeffer und Salz begünstigen, werden Fenchelsamen benutzt, um einigen dieser Produkte ein sehr charakteristisches Aroma zu verleihen, aber auch um sie besser verdaulich zu machen, so zum Beispiel bei frischen Bratwürsten oder der *Finocchiona*, einer mit Fenchelsamen aromatisierten Salami. Das Aroma der Samen hat in vergangenen Zeiten offenbar auch zu der Angewohnheit geführt, in Tavernen den Wein mit Fenchelsamen zu begleiten, entweder gewissermaßen als Beilage oder auch als Zugabe im Wein selbst: Auf diese Weise verbargen die Gastwirte dank des intensiven Aromas der im Fenchelsamen enthaltenen ätherischen Öle die schlechte Qualität des Weines. Von dieser Praxis scheint in Italien die Bedeutung des Begriffs *einfencheln* abzustammen, was so viel bedeutet wie *hintergehen, täuschen*.

Der Geschmack der Fenchelsamen ist eher süßlich und erinnert an jenen von Anis. Als Heilmittel werden sie vor allem in Form von Aufgussgetränken zur Verminderung von Schwellungen und als Diuretikum genutzt. Sie enthalten medizinisch wirksame Bestandteile, sind reich an ätherischen Ölen und Flavonoiden. Einige Substanzen, in hochkonzentrierten Dosierungen verabreicht, können auch halluzinogen wirken und psychische Prozesse beeinflussen. Für den Organismus sind die Antioxidantien und die im Fenchelsamen ebenfalls reich enthaltenen Ballaststoffe sehr förderlich, da sie eine entzündungshemmende Wirkung haben, und die Darmfunktion sowie den Blutkreislauf positiv unterstützen.

MEERFENCHEL

Die Pflanze mit der wissenschaftlichen Bezeichnung *Crithmum maritimum* ist, obschon es sich um eine ganz andere Art als unser *Foeniculum vulgare* handelt, in vielen Sprachen als Meerfenchel bekannt (*finocchio marino* im Italienischen, *sea fennel* im Englischen). Diese kleine Skurrilität ist der offensichtlichen Ähnlichkeit dieser Pflanze mit dem Wildfenchel geschuldet, und zwar sowohl hinsichtlich der Gestalt als auch der aromatischen Kraft, die beiden gemeinsam ist, auch wenn die Aromen unterschiedlicher Art sind. Die beiden Gewächse sehen sich – besonders in ihren Blüten – zum Verwechseln ähnlich, allein die Laubblätter des *Crithmum maritimum* sind deutlich fleischiger als jene des Wildfenchels. Der Meerfenchel ist eine Pflanze, die – der Name sagt es – in der Nähe des Meeres wächst, oft auch in Felsspalten. Es ist eine ausdauernde Pflanze mit sehr robusten und verzweigten Stängeln, die am Ursprung verholzen und 30–60 cm hoch werden. Das Laub besteht aus kleinen fleischigen, 2–3 cm langen Blättchen. Die Blüten formieren sich schirmförmig und sind weiß bis hellgelb gefärbt. Die gesamte Pflanze ist stark – und auf angenehme Weise – aromatisch. Auch ihr, die insbesondere im Mittelmeerraum, aber auch in Nordamerika und im westlichen Teil Zentralasiens vorkommt, hat man immer therapeutische Eigenschaften zugeschrieben – eine weitere Ähnlichkeit mit dem Fenchel. Außerdem ist sie eine reichhaltige Quelle von Vitamin C, weshalb Seefahrer sie gerne zur Vorbeugung gegen Skorbut mit auf Reisen genommen haben.

Die kleinen Laubblätter der Pflanze sind essbar und werden oft mit Fisch kombiniert, ihre Nutzung in der Küche ist allerdings auf einige Gegenden, besonders an der Adriaküste, begrenzt, in denen sich eine entsprechende Tradition entwickelt hat. Ich selbst kenne die Pflanze aus Kindertagen, als ich sie in großen Mengen auf den Felsen der sizilianischen Inseln oder entlang der Küsten des Golfs von Neapel gesehen habe. Doch erst vor Kurzem und sehr überrascht stellte ich fest, welche Möglichkeiten Meerfenchel, der mitunter auch Seefenchel genannt wird, in der Küche bietet.

Die Entdeckung dieser typisch mediterranen Vorzüglichkeit verdanke ich Jula, einer griechischen Freundin und Kollegin in ihrem kleinen familiären Restaurant in Wien. Auch in Patras und auf der Peloponnes kombiniert man den Meerfenchel mit Fisch. Als Beilage wird er zuerst gekocht und dann mit einem guten Olivenöl extravergine und Zitronensaft mariniert, in Salaten gegessen oder sogar in Öl oder Essig eingelegt konserviert. Jula hat daraus eine hervorragende Beilage zum Oktopus und den Fischgängen gezaubert! Ich konnte es, nachdem diese Entdeckung erst einmal gemacht war, kaum abwarten, nach Stromboli zurückzukehren, der Vulkaninsel im Norden Siziliens. Dort wollte ich, wie ich es meistens tue, um lokale Rezepte zu begreifen, bei den letzten »Großmütterchen«, die noch auf der Insel verblieben sind, eine »Beratung« erbitten. Ich war gewiss, dass der Überfluss an Meerfenchel auf der Insel eine Fülle von traditionellen Rezepten hervorgebracht haben würde, nur dass ich davon eben noch nichts wusste! Außerdem hatte ich in der Zwischenzeit entdeckt, dass in den Marken die *Paccasassi* (ein Name, der auf die Fähigkeit anspielt, über die Felsen hinweg vorwärtszukommen), wie der Meerfenchel dort genannt wird, genutzt werden, um die kleinen lokalen Miesmuscheln, Fisch oder Panini zu begleiten. Im apulischen Salento werden sie wie auf der Peloponnes in Essig eingelegt. Aber das strombolanische Großmütterchen schaute mich verständnislos an. Damit sie überhaupt begriff, wovon ich sprach, musste ich aus ihrem kleinen Lebensmittelladen hinausgehen und zwischen den Steinen einer Mauer einen Zweig der Pflanze abbrechen, um ihn ihr zu zeigen. Die Verwunderung der Frau war offensichtlich. »Das heißt also, dass ihr hier den Meerfenchel nicht kocht, obwohl ihr so viel davon habt?« fragte ich sie. »Das da«, sagte sie auf den Zweig zeigend ohne ihn auch nur zu benennen, »das geben wir nicht mal den Kaninchen zum Essen! Denen geben wir Wildfenchel.« Dabei ist Stromboli eine Insel, die den Hunger kennengelernt hat, aber offenbar haben hier Land und Meer immer so viele andere Reichtümer im Angebot gehabt, dass nie jemandem in den Sinn gekommen ist, den Meerfenchel zu essen.

ÜBER DEN FENCHELANBAU

Der Fenchel ist eine krautige Pflanze, die zur Familie der Doldenblütler (Apiaceae) gehört. Es ist zwar möglich, die bislang beschriebenen Varianten – die durch die Abwesenheit der weißen Knolle am unteren Ende der Pflanze charakterisiert sind – zu kultivieren, aber der Anbau konzentriert sich auf die auch als Gemüsefenchel bezeichnete Varietät mit Knolle, die wir für gewöhnlich essen. Dieser weiße Part, der »Kopf« sozusagen, hat den größten kommerziellen Wert und ist nichts Anderes als der Stamm der Pflanze. Er besteht im unteren Teil aus großflächigen und fleischigen Blättern, die sich überlappen. Die Blätter verlängern und gabeln sich nach oben zu Stielen, die leuchtend grün werden. Es gibt zahlreiche Sorten, die von der Größe und der Form her unterschiedlich sind, von mehr oder weniger rundlich bis mehr oder weniger flach. Bis heute beziehen sich viele Menschen auf die beiden Hauptarten, also die eher runder Form und jene eher flacher Form, unter Verwendung der Begriffe »männlich« und »weiblich«, obschon das keine wissenschaftlich zutreffende Klassifizierung ist: Die Form wird durch die Sorte bestimmt und hängt nicht von einer vermeintlich geschlechtlichen Differenz ab. Zutreffend ist allerdings, dass die runderen Sorten besser geeignet sind, roh – also im Salat – gegessen zu werden. Deshalb und weil sie größer werden und somit finanziell einträglicher sind, werden sie auch häufiger angebaut.

Fenchelpflanzen brauchen ein gemäßigtes Klima; Frost und Temperaturen über 30 Grad ertragen sie nur schlecht. Die besten Zeiten für das Pflanzenwachstum und die Produktion großer Knollen sind daher der Herbst und der Frühling (auch wenn die Einführung neuer hybrider Sorten den ganzjährigen Anbau ermöglicht hat). Von der Aussaat bis zum Einsetzen der Pflänzchen in den Garten braucht es circa 30 bis 40 Tage. Die Ernte kann dann, je nach Sorte und Klima, nach 80 bis 120 Tagen stattfinden. Winterlichen Frost und zu warmes Sommerwetter sollte man vermeiden, denn es führt dazu, dass die Knollen verhärten bzw. die Pflanzen blühen, was lediglich für die Produktion der sogenannten *Samen* zweckmäßig ist. Die Erde sollte entsprechend vorbereitet sein, also umgegraben und gedüngt,

und die Pflanzen brauchen mindestens 25 cm Abstand voneinander. Man kann beim Fenchelanbau die Technik des Weißens oder Abstützens benutzen, die darin besteht, die Knolle in den verschiedenen Wachstumsphasen, also etwa alle 15 bis 20 Tage und auf jeden Fall einige Wochen vor der Ernte, mit Erde zu bedecken. So bleibt die Knolle immer zugedeckt, wodurch ihr Größenwachstum gefördert wird und ihre weiße Farbe erhalten bleibt. Die Ernte erfolgt, indem man die Pflanze an der Basis nahe der Erdoberfläche mit einem scharfen Messer abschneidet. Danach schneidet man mit einem horizontalen Schnitt die oberen Blätter circa 7–8 cm über der Knolle ab.

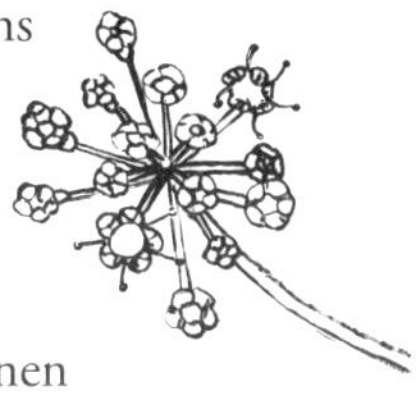

Der Markt und die Inhaltsstoffe des Fenchels

Wie bereits geschrieben, scheint der Verkauf des Fenchels in den letzten Jahren zusehends anzusteigen, übrigens zur Freude der italienischen Landwirte, die ungefähr 80 Prozent der weltweiten Produktion anbauen. Insbesondere geschieht dies in den südlichen Regionen Apulien, Kampanien, Latium, Sizilien und Marken. Wir können also, etwas rhetorisch formuliert, von der Vortrefflichkeit des *Made in Italy* sprechen, das eine große Nachfrage nach Produkten mit folgenden Eigenschaften zu bedienen scheint: Fenchel ist arm an Fetten, sehr kalorienarm, dafür reich an Ballaststoffen und enthält Mineralien und Vitamine. Die Züchtung von hybriden Sorten, die extreme klimatische Bedingungen ertragen, hat das ursprüngliche Winter- und Frühlingsgemüse – das normalerweise einen Anbau im eigenen Garten bei über 30 Grad nicht tolerieren würde –, tatsächlich in eines verwandelt, welches das ganze Jahr über erhältlich ist.

Der kommerzielle Erfolg dieses italienischen Exports gen Nordeuropa ist besonders in den Sommermonaten zu verzeichnen. Das mag damit zu tun haben, dass der Fenchel in Italien immer noch traditionell als Wintergemüse bekannt ist und im Sommer noch wenig genutzt wird. In den nördlicheren Ländern wird der Fenchel nicht mit einer Jahreszeit assoziiert und eher ganzjährig konsumiert.

Aber vielleicht ist es auch kein Zufall, dass manch ein Koch, wenn man ihn auf die Frische des Fenchels – und damit auch seine Attraktivität in der warmen Jahreszeit – anspricht, antwortet, dass der Fenchel eigentlich ein Sommergemüse sei, dass nur zufällig im Korb des Wintergemüses gelandet ist.

Da die zunehmende Verbreitung des Fenchels auf dem europäischen Markt sich bislang nicht in einer Vermehrung von Rezepten niedergeschlagen hat, darf man annehmen, dass die wichtigsten Gründe für diesen wachsenden kommerziellen Erfolg mit seinen Nährwerten zu tun haben, und mit der etwas krampfhaften Suche nach Lebensmitteln, die uns – auf wundersame Art und Weise – *»gut tun«*.

Schauen wir etwas genauer darauf, was wir denn essen, wenn wir in eine Fenchelknolle beißen: Der Fenchel besteht fast vollständig (zu beinahe 90 Prozent) aus Wasser, weshalb er als ein großartiges Diuretikum und verdauungsförderndes Mittel betrachtet werden kann. Etwas mehr als ein Prozent des Fenchels sind Proteine, drei Prozent Ballaststoffe, Minerale und Kohlenhydrate machen ebenfalls ein Prozent aus. Unter den Mineralstoffen finden wir Kalium, Kalzium, Phosphor, Natrium, Magnesium, Eisen, Zink, Mangan und Selen, während die enthaltenen Vitamine vor allem das Vitamin A sind, einige Vitamine aus der Gruppe B und Vitamin C.

Der Fenchel enthält weder Stärke noch Fette, weshalb er ein Gemüse mit extrem geringem Kaloriengehalt ist und sich daher auch für denjenigen eignet, der abnehmen möchte – was eigentlich alle möchten. Neben den Flavonoiden enthält er auch natürliche östrogenartige Substanzen, weshalb er eine ausgleichende Wirkung auf den weiblichen Hormonhaushalt hat. Der Fenchel gilt als besonders zweckmäßig zur Reduktion von Menstruationsstörungen und für die Stimulation der Milchproduktion stillender Mütter. Besonders günstig beim Stillen erweist sich zusätzlich die beruhigende und blähungslindernde Wirkung des Fenchels auf die Säuglinge. Außerdem wirkt er auf die Leber, indem er ihre Funktion fördert und auf das Nervensystem, indem er Muskelkrämpfen vorbeugt bzw. sie lindert. Unter den ätherischen Ölen sticht wegen seiner starken Präsenz das Anethol hervor, das ebenfalls im Anis und im Dill vorhanden ist, und deshalb das Aroma dieser Pflanzen mit jenem des Fenchels »verwandt« macht.

Es ist also zweifelsohne wichtig zu wissen, mit welchen »Rohstoffen« man es zu tun hat – auch wenn die großen Küchenchefs heutzutage damit hausieren gehen.

Für mich beginnt alles mit dem Genuss seines Geschmacks und seines Aromas. Und der Fenchel, das werden wir sehen, hat in dieser Hinsicht vieles zu bieten.

REZEPTE

Focaccia mit Fenchelsamen

In diesem Rezept versuchen wir uns an einem der typischsten Einsätze von Fenchelsamen in der Küche: Er besteht darin, einen Mehlteig zu aromatisieren, wie zum Beispiel salzige Kringel, Taralli, oder, wie in diesem Fall, eine Focaccia. Wir bevorzugen eine kleine Menge Hefe und eine längere Gehzeit, damit die Focaccia lockerer bleibt und um zu verhindern, dass sie weiter aufquillt – nämlich in unserem Bauch! Man kann sie solo essen, mit etwas Schinken belegen oder auch noch mit gegrilltem Gemüse.

Hier die Zutaten für vier Personen:

6 g frische Bierhefe • 150 ml Milch • ¼ l Mineralwasser • ½ TL Zucker • 400 g Weizenmehl • 100 g Manitobamehl (oder ein Weizenmehl mit einem W-Index über 350) • feines Salz • 3 EL Olivenöl extravergine • 2 EL Fenchelsamen • grobes Salz

Die Bierhefe in einer Küchenmaschine in der lauwarmen Milch auflösen, 200 ml Wasser und den Zucker hinzufügen. Das Weizenmehl nach und nach während des Knetens beigeben. Bei kleinster Stufe 15–20 min mit dem Knethaken vermischen, dann circa eine Stunde ruhen lassen. Das Manitobamehl und 50 ml Wasser, in dem wir einen Esslöffel feines Salz aufgelöst haben, hinzufügen. Weiter kneten und langsam das Olivenöl einfließen lassen, bevor das Manitobamehl komplett vermischt ist. Nochmals 10–15 min kneten und auf einem mit Backpapier belegtem Backblech verteilen, das wir dann in den Ofen schieben. Wir versuchen, den Teig nicht zu dünn auszustreichen und drücken mit den Fingerspitzen die typischen Dellen der Focaccia in den Teig. Mit einem anderen Blech oder einem Küchentuch zudecken und mindestens acht Stunden gehen lassen. Dann den Ofen auf 250 °C vorheizen, die Oberfläche mit Olivenöl einpinseln, Fenchelsamen und grobes Salz darauf verteilen und für 10 min in den Ofen schieben. Die Temperatur auf 180 °C senken und so lange backen, bis die Oberfläche goldbraun wird (das dauert mindestens 15 min). Herausnehmen und abkühlen lassen, falls ihr der Versuchung widerstehen könnt, einen Bissen zu nehmen, wenn die Focaccia noch warm ist!

Bayerische Creme mit Fenchel

Hier ein kleines Beispiel dafür, was in der Küche so passieren kann: ein in Bayern erfundenes schaumiges Getränk – auf der Basis von Milch, Tee und Likör – gibt einigen französischen Köchen den Anstoß, eine süße Creme zu fabrizieren. Durch das Hinzufügen von Eigelb und Gelatine wird diese Creme im 19. Jahrhundert zu einer grundlegenden Mixtur für Konditoreien in der ganzen Welt. Im 20. Jahrhundert tauchen dann vielfältige Abwandlungen auf, so auch die mediterrane, die wir hier präsentieren: salzig und auf Basis von Fenchel. Eine wunderbare Mischung von unterschiedlichen Kulturen und Geschichten, alles auf einem Teller.

Hier die Zubereitung: Die Dosierung ist für sechs kleine Portionen, die in der Regel als kalte Vorspeise serviert werden.

150 g Zwiebel • 30 g Butter • 700 g gesäuberte Fenchelknolle und ihr Grün • Saft von 2 Zitronen • 1 Ei • 100 ml Sahne • 15 g Blattgelatine • 200 g Ricotta • 9 EL Olivenöl extravergine • Salz und Pfeffer

Die in dünne Scheiben geschnittenen Zwiebeln in der Butter dünsten, den in Scheiben oder nicht zu große Stücke geschnittenen Fenchel hinzugeben und für 20 min dünsten, ohne dass sie Farbe annehmen. Den Zitronensaft darüber spritzen, salzen, alles vermischen und dann pürieren. Die Masse in einen Stieltopf geben und mit dem Ei und der Sahne vermengen, dann auf kleiner Flamme bei häufigem Umrühren eindicken. Die Gelatineblätter in kaltem Wasser einweichen. In dem Moment, in dem die Fenchelmasse die Konsistenz einer sämigen Creme erreicht hat, die ausgedrückte Gelatine und den Ricotta hinzufügen. Vom Herd nehmen und umrühren, um sicherzustellen, dass es eine homogene Masse ist, salzen und ein wenig fein gehacktes Fenchelgrün hinzugeben. 6 Creme Caramel-Förmchen mit Öl einpinseln und die Masse gleichmäßig verteilen. Die Formen zunächst bei Raumtemperatur abkühlen lassen und dann mindestens 3 Std. in den Kühlschrank stellen. Vor dem Servieren aus den Förmchen auf einen geeigneten Teller stürzen und mit der Mischung aus neun Löffeln Olivenöl, dem Saft einer Zitrone, Salz, Pfeffer und einem Büschel gehacktem Fenchelgrün anmachen.

SUPPEN UND MINESTRE

Wie schon gesagt ist der Fenchel ursprünglich ein Produkt des Winters, auch wenn wir ihn heute das ganze Jahr über finden. Deshalb ist seine Verwendung als Zutat von Suppen und Minestren typisch für den ganzen Mittelmeerraum. Hier einige Rezepte für die kalten Jahreszeiten.

Suppe mit Hülsenfrüchten und Fenchel

Dies ist das klassische Gericht, das man an den ersten kalten Herbsttagen zubereitet. Es ist der Moment, die verschiedenen Arten trockener Hülsenfrüchte, deren Einkauf wir bereits vergessen hatten, aus der Speisekammer zu holen und sie am Abend in Wasser zu legen, damit sie sich über Nacht vollsaugen und wir am nächsten Tag die Suppe bereiten können. Es ist ein Rezept, dessen Zubereitung einige Zeit in Anspruch nimmt, aber wenn die Suppe erst einmal aufgesetzt ist, braucht sie nicht allzu viel Aufmerksamkeit: Während sie köchelt, können wir in aller Ruhe ein Buch lesen oder – falls ihr arbeitswütig seid – auch die aufgelaufenen Emails. Hier die Zubereitung:

Zutaten für vier Personen:
200 g getrocknete, gemischte Bohnen (rote, weiße, Borlotti) • 50 g getrocknete Kichererbsen • frischer Rosmarin • Olivenöl extravergine • 2 Fenchelknollen • Salz und Pfeffer

Wir wässern die Hülsenfrüchte über Nacht. Am folgenden Tag schütten wir sie ab, geben sie in einen Topf und bedecken sie mit leicht gesalzenem Wasser, einigen Zweigen frischen Rosmarins und einigen Löffeln Olivenöl. Wir kochen die Hülsenfrüchte in diesem aromatisierten Wasser, bis sie weich sind und ohne Eile, ein wenig Wasser hinzufügend, falls sie zu trocken werden (das wird ein Stündchen dauern, wir haben also alle Zeit zum Lesen oder zum Runterladen der Emails). In der Zwischenzeit schneiden wir den Fenchel in Scheiben und geben ihn zu den Hülsenfrüchten. Wenn diese weich sind, nehmen wir circa die Hälfte mit einer Schaumkelle heraus und pürieren sie mit ein wenig Olivenöl und etwas Suppenflüssigkeit. Wenn wir eine homogene Masse haben, geben wir diese wieder in den Topf und erhalten so eine cremige Suppe. Zum Schluss erhitzen wir die Suppe stark, geben eine gute Portion gemahlenen Pfeffer hinzu und servieren sie heiß, mit einem Löffel Olivenöl auf jeden Teller. Dazu passen auch geröstete Weißbrotscheiben.

Minestra mit Kartoffeln und Fenchel

Hier ein anderes Rezept für den Winter – eines, das unser Bedürfnis, nahe zusammenzurücken, um uns gegenseitig Wärme zu spenden, befriedigen wird.

Hier die Zutaten für vier Personen:

2 Fenchelknollen • 3 Kartoffeln • 1 Zwiebel • Olivenöl extravergine • 4 EL Parmigiano reggiano, gerieben • Salz und Pfeffer • 1 nussgroßes Stück Butter

Den Fenchel säubern und dabei die sehr trockenen Anteile abschneiden, die Kartoffeln schälen und alles in Stückchen schneiden. Die Zwiebel in feine Scheiben schneiden und in einem Stieltopf mit ein paar Löffeln Olivenöl anbraten. Die Kartoffeln und den Fenchel hinzufügen, mit Salz und Pfeffer abschmecken und einige Minuten ziehen lassen. Einen Liter Wasser hinzufügen und circa 30 min kochen. Die Minestra in tiefe Teller geben, mit Parmigiano bestreuen und mit einer Flocke Butter garnieren.

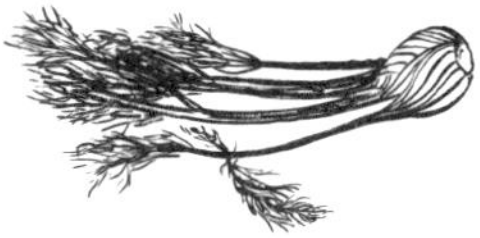

Karotten-Fenchel-Suppe

Dieses Rezept ist typisch für die arme italienische Küche. In den letzten Jahren ist es besonders in Mode geraten, weil es ein veganes Rezept ist und als »entgiftend« gilt. Ich bereite diese Suppe häufig zu, weil sie in ihrer Schlichtheit ganz großartig ist. Der Fenchel überlässt der Karotte die Aufgabe, der Suppe ihre Farbe zu verleihen, dominiert aber Aroma und Geschmack. Dieses Rezept ist außerdem die Grundlage für üppigere Varianten, zum Beispiel durch das Hinzufügen von Meeresfrüchten, Fisch oder anderen Zutaten, die der Suppe andere Nuancen geben (Peperoncino, Croutons, oder Sonnenblumenkerne, Kürbiskerne oder Fenchelsamen).

Zutaten für vier Personen:

3 Fenchelknollen • 6 Karotten • 1 Schalotte • Olivenöl extravergine • Gemüsebouillon • Wildfenchel (oder Fenchelgrün) • Kerne-Mischung nach Geschmack • Salz und Pfeffer

Beginnt mit dem Reinigen des Fenchels: Nehmt die äußeren, härtesten Blätter weg und schneidet die Knolle in Scheiben. Schält die Karotten und schneidet sie in Stückchen. Hackt die Schalotte und dünstet sie in einem Stieltopf mit ein wenig Olivenöl an. Wenn sie glasig geworden ist, gebt das Gemüse hinzu und lasst es einige Minuten ziehen. Bedeckt das Ganze mit Gemüsebouillon, schmeckt es mit Salz und Pfeffer ab und kocht es, bis Karotten und Fenchel weich genug sind, um püriert zu werden. Püriert das Ganze mit einem Pürierstab zu einer homogenen Creme. Füllt sie in tiefe Teller, gebt ein wenig Olivenöl sowie beliebig viele Kerne und den Wildfenchel hinzu. Heiß servieren.

SALATE

Dies ist vielleicht die einfachste Art und Weise, Fenchelknollen in der Küche zu benutzen: sie einfach in Stücke oder Scheiben schneiden, um sie in einem Salat mit allen erdenklichen anderen Zutaten zu mischen. In meinen Kindheitserinnerungen überzeugte meine Großmutter uns Kinder – die wir uns vom Duft des Fenchels angezogen fühlten, aber angesichts seines Geschmacks schwankten –, ihn zu essen, indem sie einen kleinen flachen Teller nahm und Olivenöl hineinschüttete, das sie ein wenig salzte (später, als wir etwas größer waren, auch pfefferte). Dann forderte sie uns auf, jedes einzelne Blatt des Fenchels in diese elementare Marinade zu tupfen und dann hineinzubeißen. Das Erstaunen darüber, wie die Kraft des Olivenöls imstande war, den Geschmack des Fenchels hervorzuzaubern, war enorm! Im Übrigen, wenn es ein Element gibt, das – gemeinsam mit Parmesan und Wein –, die gastronomische Kultur des Mittelmeerraums definiert, dann ist es genau das: Olivenöl. Deshalb haben auch die noch so unterschiedlichen Kombinationen von Zutaten bei der Herstellung unserer Salate immer diesen zentralen Bestandteil als Grundlage. Der Fenchel gibt unseren Salaten sowohl Substanz als auch Aroma. Da er traditionell ein Wintergemüse ist, gibt es, das werden wir sehen, viele Kombinationen, in denen weitere typisch winterliche Zutaten hinzustoßen, so zum Beispiel die Orangen in den wärmeren südlichen Gegenden des Mittelmeers oder der Radicchio – in seinen verschiedenen Ausprägungen – in Venetien und Friaul-Julisch Venetien. Die heute übliche Verfügbarkeit auch in den Sommermonaten hat uns veranlasst, auch einen typischen Sommersalat vorzustellen. Wir wählen drei Beispiele aus den schier endlosen Möglichkeiten, Salate mit Fenchelknollen zuzubereiten.

Fenchel-Orangen-Salat

Zutaten für vier Personen:
4 Fenchelknollen • 2 Orangen • 6 Walnüsse • Olivenöl extravergine, Salz, Pfeffer und Minzblätter

Wir schneiden die Stiele am oberen Ende der Knollen ab und legen die grünen Fiederblättchen, die wir zum Garnieren und Aromatisieren der einzelnen Teller benutzen werden, zur Seite. Falls sie euch zu hart erscheinen, könnt ihr die äußeren fasrigen Blätter der Knolle entsorgen, aber wenn ihr euch die Mühe macht, die Scheiben ausreichend dünn zu schneiden, dann sind es gerade diese Blätter, die dem Salat zu einer speziellen Knackigkeit verhelfen. Deshalb verarbeite ich sie meistens mit. Am besten stellt man die Basis der Knolle auf das Schneidebrett und trennt sie von oben einmal längs mittig durch, entfernt den kleinen zentralen Strunk, und schneidet die Hälften dann in feine Streifchen, die man in die Salatschüssel oder gleich auf die Teller gibt. Die Orangen werden mit einem kleinen Messer rundum geschält und filetiert, so dass das feine Häutchen, das jede Orangenspalte umgibt, wegfällt. Drücken Sie die Reste der Orange aus, um den gesamten Saft aus den kleinen Fruchtfleischstücken zu gewinnen, die wir nicht filetieren konnten. Die Orangenfilets mit dem Saft mischen und zum Fenchel geben. Dann geben wir die grob gehackten Nüsse hinzu und machen das Ganze mit Olivenöl, Salz, Pfeffer und einigen Minzblättern an. Zur Dekoration kann man ein wenig des beiseite gelegten Fenchelgrüns nutzen.

Salat mit Fenchel, Radicchio Tardivo di Treviso* und Gorgonzola

Zutaten für vier Personen:
4 Fenchelknollen • 2 Radicchio Tardivo di Treviso • 75 g Walnüsse • 150 g milder Gorgonzola • 4 EL Olivenöl extravergine • Saft von einer Zitrone • 1 EL Honig • 25 g Petersilie • Salz & Pfeffer*

Wir säubern und schneiden den Fenchel wie im vorherigen Rezept und geben ihn in die Salatschüssel. Wir waschen und schneiden den Radicchio, allerdings nicht zu fein, und geben ihn dazu. Die Nüsse grob hacken, den Gorgonzola in Würfelchen schneiden und beides hinzufügen. In einer Schale bereiten wir die Marinade, indem wir das Olivenöl, den Zitronensaft, den Honig und die zerkleinerte Petersilie mit einem Schneebesen gut vermischen. Unterschätzt den Honig nicht: Er hilft die Emulsion aus Öl und Zitronensaft zu stabilisieren. Macht den Salat mit der Marinade an, fügt Salz und Pfeffer hinzu, rührt gut um und serviert ihn, dekoriert mit dem beiseite gelegten Fenchelgrün.

* Wenn es keinen Radicchio Tardivo di Treviso gibt, empfehle ich eine andere Sorte von rotem Radicchio, entweder den Trevigiano oder den rundförmigen für Salate.

Sommersalat aus Feigen, Fenchel und Schinken

Zutaten für vier Personen:
10 Feigen aus biologischem Anbau • 1 Zitrone aus biologischem Anbau • 4 Sardellenfilets • 1 Zehe Knoblauch • 2 EL Olivenöl extravergine • 4 EL Prosciutto crudo, in kleine Würfel geschnitten • 4 Fenchelknollen • 4 Büschel Feldsalat • Salz und Pfeffer • Essig

Zuerst bereiten wir ein Püree aus zwei ganzen Feigen samt Schale, der abgeriebenen Zitronenschale, den Sardellenfilets, dem Knoblauch und etwas Olivenöl. Das Gemisch sollte cremig bis halbflüssig sein.

In zwei Löffel Olivenöl schwitzen wir die Schinkenwürfel in einer Pfanne bei kleiner Flamme an, bis sie kristallisieren und kross werden. Wir schneiden die restlichen Feigen in Stücke und legen sie beiseite. Wir waschen und schneiden den Fenchel wie in den vorhergehenden Rezepten. Wir machen den Fenchel und den Feldsalat mit Salz, Pfeffer, Olivenöl und Essig an und verteilen ihn auf die Teller. Die restlichen Feigenstücke drapieren wir auf dem Teller, streuen die Schinkenwürfel darüber und tröpfeln das Feigenpüree darüber. Eventuell geben wir noch ein wenig Olivenöl hinzu und servieren.

Pasta mit Sardinen und Wildfenchel

Um die Bedeutung dieses Rezeptes zu begreifen, genügt es an die Definition von Don Pasta (Daniele de Michele), einem der größten Experten der volkstümlichen Küche Italiens, zu denken, die er in seinem Buch *Artusi Remix – Viaggio nella cucina popolare italiana: ricette e racconti* (*Artusi Remix – Reise in die volkstümliche italienische Küche: Rezepte und Erzählungen*) formuliert: Für Don Pasta handelt es sich, ganz schlicht, um »das großartigste Gericht der Weltgeschichte!« Das Motiv für diese übertriebene Lobpreisung liegt darin, dass die Pasta mit Sardinen, wie vielleicht kein anderes Gericht, mehrere typische Elemente der italienischen Küche vereint: Es ist ein Gericht armer Herkunft, das vor allem in der Familie zubereitet wurde. Es entsteht ein nahezu magisches Gleichgewicht zwischen den Zutaten, die auf kreative und intelligente Art und Weise kombiniert werden. Und es weist ein unschlagbares Verhältnis zwischen Qualität und Preis auf. Wie so viele Gerichte der mediterranen Küche ist diese Pasta aus der Notwendigkeit geboren, mit dem wenigen, was man im Haus hatte, etwas zu kochen, also aus der Not eine Tugend zu machen. Dieses Rezept, das an seinem Entstehungsort Palermo liebevoll als »Pasta c'a munnizza« (also »Pasta mit Müll«, mit anderen Worten den Abfällen) bezeichnet wird, besteht primär aus den Zutaten Wildfenchel und Sardinen. Die Sardinen sind ein so einfacher Fisch, dass er zeitweise in Neapel nicht mal gegessen wurde, sondern nur als Köder diente, um andere Fische zu fangen. Der Wildfenchel, der dieses Gericht so einzigartig macht, wird in einem Großteil der Welt nicht mal geerntet. Dabei ist seine Verwendung zur Aromatisierung von Fisch seit der römischen Antike schriftlich dokumentiert. So zum Beispiel in der aus dem ersten Jahrhundert n. Chr. stammenden, unter dem Namen *De re coquinaria* (Über die Kochkunst) schließlich im 4. Jahrhundert n. Chr. erschienenen Sammlung von Rezepten verschiedener Autoren, unter anderem wohl auch Marcus Gaius Apicius, einem römischen Feinschmecker, der in der Gegend von Köln lebte. Wohl seiner Berühmtheit wegen erschien das Werk unter seinem Namen.

Die Rolle des Wildfenchels in diesem Rezept ist so wichtig, sein Aroma so intensiv, dass es sogar in Palermo, wie zum Beweis des sehr ärmlichen Ursprungs des Rezepts, auch die Version der »Pasta mit den Sardinen im Wasser« gibt: Soll heißen, die Sardinen bleiben im Meer und das Gericht wird allein mit dem Fenchel und den anderen Zutaten zubereitet!

Das größte Problem bei der Bewältigung dieses Rezepts liegt denn auch nicht in der Schwierigkeit der Zubereitung, sondern tatsächlich darin, den Wildfenchel aufzutreiben, und das in allen Gegenden, die ihn nicht traditionell in der Küche verwenden. Auf Sizilien wird für dieses Rezept der Wildfenchel *aus den Bergen*, aber in Nähe des Meeres, bevorzugt. Die beste Jahreszeit zum Pflücken ist der Frühling. Wenn wir den Wildfenchel selber sammeln, schneiden wir ihn mit einem kleinen Messer oder einer Schere an der Basis ab, denn obwohl wir hauptsächlich die feingefiederten Blättchen brauchen, ist auch die *Wurzel*, also der untere Part des Stiels, aufgrund seines starken Aromas ein wichtiger Bestandteil. Aber das Wichtige ist, dass es sich um Wildfenchel handelt. Ihn durch Dill zu ersetzen ist unmöglich, denn dieser hat einen völlig anderen Geschmack. Für diejenigen, die einen Garten haben und gerne selbst Pflanzen anbauen, ist es relativ einfach, online Saatgut für Wildfenchel zu kaufen. Wenn eure Entzugserscheinungen unerträglich werden, besteht ein möglicher Kompromiss darin, Wildfenchel in Konserven zu kaufen (gibt es online). Als Ersatz kann man im Notfall sehr klein gehacktes Fenchelgrün verwenden, auch wenn es wahrlich nicht das Gleiche ist!

Wie wir sehen werden, ist die Pasta mit Sardinen ein leichtes Gericht, man darf nur die Zwiebel oder die Sardellenfilets nicht zu sehr anbraten.

Da es sowohl warm als auch bei Raumtemperatur gegessen werden kann, eignet es sich hervorragend für ein Essen in der Familie oder in einer Gruppe. Es gibt eine Reihe von Varianten: So benutzen zum Beispiel einige anstelle der Sardellenfilets in Salz eingelegte Sardinen beim Anbraten. Den Palermitanern zufolge sollte man auf jeden Fall der Versuchung widerstehen, Tomatenmark hinzuzufügen. Außerhalb von Palermo werden oft grob gehackte und geröstete Mandeln hinzugefügt. Das Gericht sollte farblich das Gelb des Safrans annehmen. Und jetzt endlich das Rezept.

Zutaten für sechs Personen:

4 EL Olivenöl extravergine • 6 Sardellenfilets • 2 handvoll Semmelbrösel • 50 g Rosinen (Typ Passolina, klein und dunkelfarbig) • 200 g Wildfenchel • 1 Zwiebel • 50 g Pinienkerne • 500 g frische Sardinen, ausgenommen und ohne Kopf und Schwanz • 2 Päckchen Safran (circa 0,25 g) • 500 g Bucatini oder Spaghetti trafilato al bronzo (mit rauher Oberfläche) • Salz und Pfeffer • bei Bedarf 1 TL Zucker

In einer Pfanne erhitzt ihr einen Löffel Olivenöl, löst zwei Sardellenfilets darin auf und gebt dann die Semmelbrösel hinzu. Man muss aufpassen, dass es nicht anbrennt, aber es sollte eine gut gebräunte Farbe erhalten (also quasi frittiert sein); dann beiseite stellen. Weicht die Rosinen in lauwarmem Wasser ein. Den Fenchel in Salzwasser circa 5 min kochen, abschütten und das Wasser auffangen (darin kochen wir die Pasta), den Fenchel dann mit eiskaltem Wasser abschrecken, damit er seine brillante Farbe nicht einbüßt. Die Blätter nicht zu klein schneiden, die Stiele etwas kleiner und alles zur Seite stellen. In einer antihaftbeschichteten Pfanne die Zwiebel, die restlichen Sardellenfilets, die Rosinen – nachdem wir sie ausgedrückt und mit Küchenpapier abgetrocknet haben – und die Pinienkerne andünsten. Eventuell mit einem Kochlöffel nachhelfen, damit die Sardellenfilets sich auflösen. An diesem Punkt können wir die Sardinen hinzufügen, die ihr je nach Geschmack in Stücke schneiden könnt, aber 3–4 pro Person sollten ganz bleiben. Nach ein paar Minuten etwas Kochwasser hinzufügen, dann den Wildfenchel und die Hälfte des Safrans. Alles gut vermischen und circa 10 min köcheln, dabei das Ganze nicht zu trocken werden lassen, eventuell noch etwas Kochwasser hinzufügen. Probieren und mit Salz und Pfeffer abschmecken. Ist der Geschmack zu streng, gebt einen Teelöffel Zucker hinzu. In einer anderen antihaftbeschichteten Pfanne ein wenig Olivenöl mit dem restlichen Safran erhitzen, die beiseite gelegten Sardinen anbraten und dann auf Küchenpapier etwas abtrocknen. In der Zwischenzeit die Bucatini im Kochwasser des Fenchels al dente kochen und sie dann gut mit der Sauce vermischen. Die gerösteten Semmelbrösel darüber verstreuen und die in Olivenöl und Safran gebratenen Sardinen darauf anordnen.

Gratinierter Fenchel

Bei diesem Rezept wird uns klar, dass Fenchel nicht nur eine außergewöhnliche und geschmackvolle Begleitung anderer Gerichte sein kann, sondern auch den Hauptgang eines Mahles darstellen kann. Wenn wir dem Fenchel diese Rolle zueignen, versteht sich von selbst, dass jeder die Seiten in den Vordergrund rückt, die ihm die liebsten sind, von daher gibt es viele verschiedene Varianten.

Das klassische Rezept

Die bekannteste Version dieses Rezepts ist vermutlich jene mit Béchamel, der typischen Sauce aus französischer Schule. Hier fügen wir also der *Gratinierschicht*, die primär aus geriebenem alten Brot besteht, dem *Gratin* eben, die klassische französische Sauce hinzu. Die Verwendung der Béchamel hat die doppelte Funktion, einem Gericht, das primär aus einem kalorienarmen Gemüse besteht, Substanz zu geben, und einen erkennbaren Geschmack auch für diejenigen zu produzieren, die den Fenchel nicht so sehr lieben. Genau darin besteht der Vorteil, aber eben auch die Grenze dieses Rezepts: Die Béchamel kombiniert mit dem Parmesan und der knusprige Effekt des Gratinierten dominieren den Geschmack, während vom Fenchel vor allem das einnehmende Aroma bleibt. So oder so ist es aber ein sehr wohlschmeckendes Gericht, das besonders im Winter zubereitet wird, und als Hauptspeise oder auch als Beilage zu Fleisch oder Fisch gereicht werden kann. Hier die Zubereitung.

Zutaten für vier Personen: 4 Fenchelknollen • 4 Zwiebeln • 30 g Butter • 2 EL geriebener Parmigiano reggiano • 2 EL Semmelbrösel • 30 g Gruyère in kleinen Würfeln • Salz, Pfeffer und Muskatnuss
Für die Béchamel: 50 g Butter • 50 g Weißmehl • ½ l Milch • Salz • Pfeffer • 1 TL Muskatnuss

Den Fenchel säubern, je nach Größe in 4–6 Stücke schneiden und für mindestens 10 min in Salzwasser kochen. Die Zwiebeln schälen, vierteln und in einem anderen Topf ebenfalls in Salzwasser für circa 10 min kochen. Beides abschütten, gut mit kaltem Wasser abschrecken und abkühlen lassen.

Nun bereiten wir die Béchamel vor: In einem kleinen Topf die Butter zerlassen und das Mehl zugeben, mit einem Schneebesen umrühren, bis wir eine nicht zu trockene Creme erhalten. Dann langsam unter weiterem Umrühren die Milch hinzufügen und schließlich mit Salz, Pfeffer und Muskatnuss würzen; dabei weiter umrühren, bis wir eine sämig-cremige Sauce erhalten. Vom Herd nehmen und beiseite stellen.

In einer antihaftbeschichteten Pfanne zerlassen wir die Butter, geben den Fenchel und die Zwiebel hinzu und lassen sie Geschmack annehmen. Wir salzen und pfeffern und stellen die Pfanne beiseite. Jetzt bereiten wir die Mischung für unser *Gratin* vor, indem wir den Parmigiano und die Semmelbrösel gut vermengen. Wir buttern eine feuerfeste Form und geben die erste Lage Fenchel und Zwiebel hinein, darüber eine Schicht Béchamel und die Hälfte der Gruyère-Würfel. Es folgt eine zweite Lage Fenchel und Zwiebeln, darüber die restliche Béchamel, der restliche Käse und darüber streuen wir die Mischung aus Parmigiano und Semmelbröseln. Im auf 180 °C vorgeheizten Ofen für circa 25 min bzw., bis sich auf der Oberfläche eine goldbraune Kruste gebildet hat, backen und heiß servieren.

Gratin ohne Béchamel

Diese Version ist leichter, schneller zuzubereiten und gesteht dem Geschmack des Fenchels eine gewichtigere Rolle zu, wobei auch hier die Mischung der *Gratinierschicht* dank des Pecorinos dem Gesamtgeschmack eine besonders intensive Note verleiht. Hier wird der Fenchel nicht vorgekocht, sondern direkt im Backofen gegart. Auf diese Art und Weise erhält sich sowohl die Knackigkeit des Gemüses als auch sein Nährstoffgehalt. Man muss sorgfältig darauf achten, keine Fenchelanteile übereinander zu legen, damit der Garvorgang gleichmäßig verläuft und die Gratinierschicht den gesamten Fenchel bedeckt.

Hier die Zutaten für vier Personen:

4 Fenchelknollen • 4 EL reifer Pecorino • 4 EL Semmelbrösel • 1 EL Schnittlauch, fein geschnitten • 1–2 EL Olivenöl extravergine • Salz und Pfeffer

Den Fenchel säubern, die Spitzen abschneiden und vierteln bzw. in recht große Stücke schneiden. In einer Schüssel die Gratin-Mischung bereiten: Pecorino, Semmelbrösel und Schnittlauch vermischen, 1–2 Löffel Olivenöl hinzugeben und umrühren. Die Mischung darf nicht flüssig werden, aber wir versuchen, das Olivenöl gleichmäßig zu verteilen, da dies für die Ausbildung der knusprigen Oberfläche wichtig ist. Kostet die Mischung, um zu testen, ob das im Pecorino enthaltene Salz ausreicht, ansonsten etwas nachsalzen. Den Fenchel in einer feuerfesten, leicht eingeölten Form in einer einzigen Lage anordnen und die Gratin-Mischung darüber geben. Im auf 200 °C vorgeheizten Backofen für etwa 20 min backen. In den letzten Minuten auf die Grillfunktion umstellen, damit sich die Kruste bildet und dann heiß servieren.

Gefüllter Fenchel mit Feigen, Taleggio und Nüssen

Bei diesem Rezept höhlen wir jeden Fenchel so aus, dass wir zwei *Schiffchen* erhalten, die dann gefüllt und im Ofen gratiniert werden. Die Füllung, die wir hier vorschlagen, ist selbstverständlich nur eine von vielen Möglichkeiten, und ihr könnt je nach Jahreszeit oder eurem Geschmack experimentieren. In diesem Fall haben wir uns für Feigen und Nüsse entschieden, daher ist es ein Rezept, das sich besonders im Herbst anbietet, wenn wir uns an den ersten kalten Tagen nach etwas Warmem auf dem Tisch sehnen und es noch die letzten Feigen der Saison gibt.

Hier, was für vier Personen notwendig ist:
2 große Fenchel (besser rundliche Form) • ½ l Béchamel (Rezept s. S. 40/41) • 60 g Taleggio, in Würfel geschnitten • 20 g Walnüsse, grob gehackt • 2 große unbehandelte Feigen aus biologischem Anbau und – optional – 8 Blätter des Feigenbaums • 2 Eier • Olivenöl extravergine • Salz, Pfeffer und ein Quentchen Zimt

Die beiden großen Fenchelknollen säubern, der Länge nach in zwei Teile schneiden und so aushöhlen, dass Raum für die Füllung entsteht. Ist dieses »Schiffchen« erstmal geschnitzt, kochen wir die ausgenommene Fenchelmenge in gesalzenem Wasser für circa 10 min und hacken sie klein. Die Béchamel wie im klassischen Rezept des gratinierten Fenchels beschrieben zubereiten. Wenn die Béchamel fertig ist, den Taleggio, das gekochte und gehackte Fenchelinnere, die Walnüsse, eine Spur Zimt und zwei in kleine Würfel geschnittene Feigen hinzufügen. Mit Salz und Pfeffer abschmecken und etwas abkühlen lassen. Die beiden Eigelb unterrühren und die zu Eischnee geschlagenen Eiweiß vorsichtig mit einem

Schneebesen unterheben. In eine tiefe Backform eine Kelle Wasser und ein Löffel Olivenöl geben. Die mit der Masse gefüllten Fenchelhälften hineinsetzen und im auf 180 °C vorgeheizten Ofen für 30 min backen. Heiß auf einem Bett aus unbehandelten Feigenblättern servieren.

BEILAGEN ODER HAUPTGERICHTE

Fenchel lässt sich perfekt mit vielen Fleischgerichten – sowohl Braten als auch Schweinefleisch im Besonderen – und ebenso mit Fischgerichten kombinieren. Dafür wird es später noch Beispiele geben, aber hier würde ich gern einige Rezepte vorstellen, die mir besonders gut gefallen, und die meines Erachtens über die Idee einer einfachen Beilage zu einer Hauptspeise hinausgehen, da sie eine eigene »Persönlichkeit« besitzen. Daher könnten sie auch als Hauptspeise serviert werden.

Karamellisierter Fenchel

Dieses Rezept ist für mich eines der überraschendsten und schmackhaftesten. Ich bereite es häufig zu, auch als vegetarische Hauptspeise, dann mit einem frischen Käse kombiniert, also zum Beispiel einem *Primosale* oder einem frischen Ziegenkäse. So findet das Süßliche des karamellisierten Fenchels ein Gegengewicht in einem eher salzigen Käse mit einem intensiven Geschmack.

Hier die Zutaten für vier Personen:

4 Fenchelknollen • 50 g Butter • 4 EL Olivenöl extravergine • Zucker • 1 EL Fenchelsamen • grobes Salz und schwarzer Pfeffer • 1 zerdrückte Knoblauchzehe • 50 g Dill, zerkleinert • Schale einer unbehandelten Zitrone

Wir schneiden die Stiele der Fenchelknolle ab und legen die grünen Büschel für die abschließende Garnitur der Teller zur Seite. Den Fenchel in circa 1 cm dicke Scheiben schneiden und dabei versuchen, den zentralen Strunk und die Basis der Knolle so zu nutzen, dass sie jeweils die Scheibe zusammenhalten (auch wenn dies nicht bei allen Scheiben gelingen wird). Die Butter mit zwei Löffeln Olivenöl in einer großen Pfanne erhitzen, bis sie quasi schäumt, dann die Fenchelscheiben hinzufügen und von jeder Seite circa 3 min bzw. so lange, bis sie eine schöne goldbraune Farbe annehmen, anbraten. Aus der Pfanne nehmen, zur Seite stellen und mit den weiteren Scheiben das Prozedere wiederholen. Falls notwendig, könnt ihr noch etwas Butter und Olivenöl hinzufügen, müsst aber warten bis die Temperatur der Fette wieder ausreichend hoch ist, bevor die weiteren Fenchelscheiben in die Pfanne kommen. Wenn der gesamte Fenchel angebraten ist, in der gleichen Pfanne den Zucker, den Fenchelsamen, reichlich grobes Salz und Pfeffer so erhitzen, dass der Zucker sich auflöst und karamellisiert (was keine

Minute dauert). Dann die Fenchelscheiben wieder hinzugeben und sie kurz und schnell von beiden Seiten karamellisieren; dabei darauf achten, dass sie nicht zu braun werden. Damit ist unser Fenchel fertig. Wir servieren ihn mit einer Mischung aus Knoblauch, Dill, dem gehackten Fenchelgrün und der geriebenen Zitronenschale. Falls das Ganze zu trocken wirkt, geben wir noch ein wenig Olivenöl hinzu. Der Fenchel kann sofort, also heiß serviert werden, aber es ist besser ihn auf Raumtemperatur abkühlen zu lassen, denn dann haben Zitrone, Dill und Knoblauch Zeit gehabt, dem Fenchel ihre Aromen hinzuzufügen.

Fenchel saltato mit Zitrone und Pistazien

Dies ist eins der einfachsten Rezepte und seine Stärke liegt genau darin. *Saltato*, wörtlich »gesprungen«, ist die klassische Art und Weise, in der in Italien Gemüse zubereitet wird: Es wird in einem *soffritto* – also einigen Zutaten, die dem Ganzen Aroma und Geschmack verleihen – in einer Pfanne bei hoher Temperatur und mit wenig Fett für eine relativ kurze Zeit angebraten. Hier fügen wir zum Schluss sizilianische Pistazien aus Bronte, einer Ortschaft an den Hängen des Ätna, hinzu. Wir mögen sie lieber als jene aus dem Nahen Osten, zum einen wegen ihres einzigartigen Geschmacks, der aus der speziellen Kombination von vulkanischer Erde, der Höhenlage in der Nähe des Meeres und des warmen Klimas Siziliens entsteht, und zum anderen, weil sie noch den ursprünglichen süßlichen Geschmack haben, der in der nahöstlichen Variante aufgrund der Konservierungspraxis durch Salz weitestgehend verloren gegangen ist.

Hier die Zutaten für vier Personen:
2 Fenchelknollen • 1 unbehandelte Zitrone • 3 EL Olivenöl extravergine • 1 Lorbeerblatt • 50 g Pistazien aus Bronte oder andere ungesalzene, in Körnchen gehackt • Salz und Pfeffer

Bei diesem Rezept gefällt es mir, die grünen Stiele des Fenchels am Knollenkopf nicht komplett zu entfernen, sondern einige Zentimeter stehen zu lassen, sie verschaffen dem Gericht Abwechslung in der Form und der Konsistenz. Der Fenchel wird in circa 1 cm dicke Scheiben geschnitten, und zwar von den Stielen hin zur Basis. Wenn die Fenchelknollen sehr groß sind, bietet es sich an, sie erst längs in der Mitte zu teilen und dann in Scheiben zu schneiden. Reibt die Schale der Zitrone ab, drückt sie aus und stellt den Saft beiseite. Erhitzt in einer Pfanne das Olivenöl und dünstet darin die Zitronenschale ganz kurz an, gebt den Fenchel und das Lorbeerblatt hinzu. Bringt den Fenchel unter Zuhilfenahme eines Kochlöffels bei hoher Hitze für einige Minuten zum »Springen«, bis er leicht bräunlich, aber nicht zu weich wird. An diesem Punkt mit Salz und Pfeffer abschmecken und den Zitronensaft hinzugeben. Dreht Flamme klein und probiert. Würzt eventuell nach und wenn der Fenchel noch zu hart ist, bedeckt die Pfanne mit einem Deckel und lasst ihn einige Minuten bei kleinster Flamme weiterdünsten. Dann vom Herd nehmen, die Pistazienkörner hinzugeben, das Ganze gut umrühren und servieren.

Gefüllte Kalmare mit Fenchel

Gefüllte Tintenfische sind ein Klassiker im gesamten Mittelmeerraum und die Varianten sind, insbesondere was die Füllung betrifft, in ihrer Anzahl kaum überschaubar. Im Rezept, das wir hier vorschlagen, trifft der Tintenfisch auf andere für diese Gegend der Welt typischen Zutaten: Zitrone, Rosmarin, Weißwein und – natürlich – Fenchel.

Hier die Zutaten für vier Personen:

1 große Fenchelknolle • 1 EL Zitronensaft • 2 EL Parmigiano • 120 g Brotinneres vom Weißbrot oder Brötchen, zerkleinert • 4 EL Petersilie, fein gehackt • 1 Ei • 8 Kalmare, nicht zu klein, gesäubert und fertig zum Verarbeiten • 2 EL Olivenöl extravergine • 200 ml trockener Weißwein • 100 ml Gemüsebouillon • 1 EL Rosmarinnadeln, fein gehackt • Salz und Pfeffer

Reinigt den Fenchel und reibt ihn mit einer elektrischen Reibe (oder schneidet ihn mit dem Messer in sehr kleine Würfel), vermengt ihn mit dem Zitronensaft und dem Parmigiano. Mischt das Brotinnere und die Petersilie (von der ihr ein wenig beiseite lasst) und den Rosmarin unter den Fenchel und fügt zum Schluss das leicht geschlagene Ei hinzu. Rührt die Masse gut um und schmeckt sie mit Salz und Pfeffer ab.

Wascht die Tintenfische unter laufendem kalten Wasser, trocknet ihr Inneres mit Küchenpapier und füllt die Masse hinein (behelft Euch dabei eventuell mit einer Spritztüte mit langer runder Tülle) und schließt den Tintenfisch dann mit Zahnstochern. Gebt Acht, die Tintenfische nicht zu voll zu machen: Mindestens ein Drittel der Tube muss leer bleiben, denn die Füllung geht während des Kochvorgangs auf. Erwärmt das Olivenöl in einer großen Pfanne und bratet die Tintenfische bei großer Hitze von allen Seiten an. Gebt den Weißwein und kurz darauf die Gemüsebrühe hinzu. Senkt die Temperatur und lasst das Ganze bei geschlossener Pfanne 5–6 min köcheln. Mit Salz und Pfeffer abschmecken, mit der restlichen Petersilie aromatisieren und servieren.

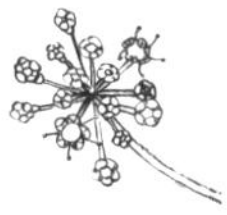

Huhn mit Orange und Fenchel

Die Frage scheint banal, aber in unseren heutigen Zeiten ist sie es keineswegs: Was ist ein Huhn? Wie so oft hat hier die industrielle Nahrungsmittelproduktion den eigenen Zielen folgend die Natur des Lebensmittels selbst verändert, und ein Huhn – der Prototyp dessen, was man früher mal ein Hoftier nannte, also eines, das sich rund um die Häuser auf dem Land bewegte, frei herumlief und so die Muskeln entwickelte, die sein Fleisch so wohlschmeckend machten – ist etwas anderes geworden. Es ist zum Beispiel völlig normal geworden, nur einige Teile des Tieres zu kaufen, nämlich jene, die heute als die besseren betrachtet werden, wie die Brust, die magerer ist als andere Teile. Und meistens erfahren wir nicht, was aus dem Rest des Tieres geworden ist. Selbst wenn wir ganze Hühner kaufen, sind sie oft zu jung, um einen entschiedenen Geschmack zu haben, und ihr Fleisch ist zu mager, obwohl wir doch wissen, dass das Fett das Fleisch schmackhafter macht. Falls es Euch mal passiert, zum Beispiel auf einem lokalen Markt, einen Züchter kennenzulernen, der seine Hühner noch im Freien »herumstöbern« lässt, sie gesund ernährt und ausreichend wachsen lässt, dann seid gewiss, dass Ihr einen Schatz gehoben habt! Ihr werdet sehen, dass das Verspeisen eines Freilandhuhnes eine ganz andere Erfahrung ist, als jene, an die sich die meisten längst gewöhnt haben, weil sie Hühnerteile in großen Supermärkten kaufen. Für dieses Rezept geben wir dem

Huhn Fenchel und Orangen hinzu – eine Kombination, die auch in vielen anderen Fenchelrezepten vorkommt. Es ist ein einfaches Rezept für ein Fleisch, das dank der reichlichen Flüssigkeit der Orange und des Fenchel zart bleibt. Kartoffeln sind eine ideale Beilage.

Hier die Zutaten für vier Personen:

1 Fenchelknolle • 2 Orangen, in Scheiben geschnitten • 2 EL Olivenöl extravergine • 1 ganzes Huhn, in Stücke geschnitten, insgesamt ca. 800 g • Mehl • Salz und Pfeffer • Butter • 1 Glas Orangensaft • 1 TL Zucker • 2–3 Tropfen Zitronensaft • ein Bündel Wildfenchel

Zuerst wascht ihr den Fenchel, hobelt ihn fein und schält die Orangen. Gebt alles in eine Schüssel und macht es mit Olivenöl, Salz und Pfeffer an. Wascht eventuelle Blutreste von den Teilen des Huhns, trocknet sie mit Küchenpapier ab und wälzt sie in Mehl. Bratet sie mit zwei Löffeln Olivenöl und einer nußgroßen Portion Butter in einer antihaftbeschichteten Pfanne so lange an, bis sie rundherum goldbraun sind. Wir geben zuerst den Fenchel und die Scheiben einer Orange und dann das zerteilte Huhn in eine feuerfeste Form und fügen dann den Orangensaft und die Gemüsebouillon hinzu. Salzen, pfeffern und im auf 200 °C vorgeheizten Ofen für etwa 55 min braten. In der Zwischenzeit erhitzt ihr den Zucker, einige Tropfen Zitronensaft und eine nussgroße Portion Butter in der gleichen Pfanne, in der ihr das Huhn angebraten habt (in dem übrigen Fond) und karamellisiert darin die Scheiben der zweiten Orange. Fünf Minuten bevor das Huhn fertig ist, gebt ihr die karamellisierten Orangenscheiben hinzu. Serviert das Huhn heiß und garniert es mit dem Wildfenchel.

Schweinefilet mit glaciertem Fenchel und Feigenkompott

Die Verbindung von Fenchel mit Schwein ist eine der häufigsten, sowohl in der Kombination verschiedener Teilstücke des Tieres mit Fenchelgemüse oder – wie bereits beschrieben – indem frische Würste, Salamis oder andere Wursterzeugnisse vom Schwein mit Fenchelsamen auf relativ günstige Art und Weise aromatisiert werden. Hier stellen wir ein Rezept mit Schweinefilet vor. Überflüssig zu sagen, dass das Fleisch von exzellenter Qualität sein sollte, möglichst von einem Freilandschwein, von Züchtern, die sich ein harmonisches Verhältnis zwischen Aufzucht und Weideland erhalten haben oder dahin zurückgekehrt sind, kurzum: solche, die biologisch und nicht industriell arbeiten. Die Viehzucht hängt tatsächlich mit dem Weideland zusammen, genauso wie das Land durch die Tiere beeinflusst wird, so durch das Einbringen der wertvollen tierischen Exkremente, die im Prozess der Zersetzung und Mineralisierung wertvolle Nährstoffe an den Boden abgeben und so seine Struktur verbessern. Man könnte die Schweineaufzucht auch in einen größeren Rahmen integrieren, die eine Bewirtschaftung mit Fruchtfolgensystemen beinhaltet und gleichzeitig die jeweils für die Aufzucht notwendigen Weideflächen umfasst.

Wir würden sehr viel weniger Fleisch essen, wenn man alles Fleisch so produzierte – mit einem enormen Vorteil für die Gesundheit und die Umwelt – und wir würden sehr viel bessere Qualität essen: Wir erinnern uns nämlich daran, dass das Fleisch umso schmackhafter wird, umso mehr die Muskeln des Tieres infolge von Bewegungsfreiheit »gearbeitet« haben. Wenn man Fleisch essen will, ist mein Rat daher, es direkt auf lokalen Märkten zu kaufen, dort, wo man die Züchter kennenlernen, eine Beziehung zu ihnen aufbauen und ihre Produkte probieren kann. Jetzt zum Rezept:

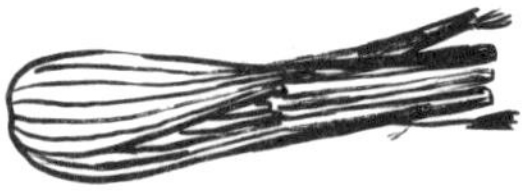

Zutaten für vier Personen:
3 Fenchelknollen • Schweinefilet, ca. 600 g • Olivenöl extravergine • 1 Knochblauchzehe • 2–3 EL Feigenkompott • 2 EL Gemüsebouillon • Salz und Pfeffer

Den Fenchel säubern und an der Unterseite tief kreuzweise einschneiden, dann in Salzwasser für nicht länger als 2 min kochen. Abschütten, vierteln und jedes Viertel wiederum in zwei Teile schneiden, so dass wir 8 Stücke aus jeder Knolle erhalten. Dann bereiten wir das Schweinefilet zu: Das ganze Filetstück mit frisch gemahlenem Pfeffer und Salz einreiben, und so massieren, dass die Aromen ins Fleisch ziehen. Für mindestens 10 min ruhen lassen. In einer antihaftbeschichteten Kasserolle das Olivenöl mit der Knoblauchzehe erhitzen.

Nachdem das Fleisch bei großer Hitze auf jeder Seite angebraten ist, den Topf zudecken und 5–8 min braten lassen. Den Knoblauch rausnehmen, 2–3 Löffel Feigenkompott hinzufügen sowie 2 Löffel Gemüsebouillon oder lauwarmes Wasser und das Filet nochmals 2–3 min braten und es gleichzeitig glacieren. Das Fleisch vor dem Schneiden einige Minuten in der Kasserolle ruhen lassen, dann auf ein Brett legen und bedecken, damit es nicht kalt wird. In der Kasserolle den Fenchel derart anbraten, dass er die Glasur und alle Aromen des Fleischfonds annimmt. Das dauert einige Minuten. Das Filet mit den Fenchelstücken, dem Bratensaft und dem Feigenkompott servieren.

FENCHEL ALS DESSERT

Es mag seltsam anmuten, von Süßspeisen auf der Basis von Fenchel zu lesen. Doch im Zuge der allgemeinen Aufwertung des Fenchel in den letzten Jahren, hat man tatsächlich begonnen, mit Fenchel als Hauptzutat für die Zubereitung von Desserts und Süßspeisen zu experimentieren. Dabei ist ja wahr, dass sich die Idee von Frische, die wir im Allgemeinen mit dem Geschmack und dem Aroma von Fenchel verbinden, gut zur Zubereitung von süßen Gerichten passt. Folglich überrascht es auch nicht, dass berühmte Köche und Köchinnen das Wagnis solcher Rezepte eingegangen sind. Hier präsentieren wir einige der einfacheren, vor allem mit dem Ziel, diese andere Seite des Gemüses freizulegen.

Fenchel-Sorbet mit Pampelmuse

Obschon sich in den letzten Jahren die Mode der Zentrifugenentsafter verbreitet hat, sei daran erinnert, dass die Mehrheit der Entsafter die Pflanzenfasern zerstören und durch die entstehende Hitze den Vitamingehalt reduzieren. Für dieses Rezept ist es selbstredend möglich, einen Zentrifugenentsafter zu benutzen, um den Saft der Fenchel zu gewinnen und eine sehr flüssige und gut verdaubare, aber weniger reichhaltige Masse zu erhalten. Wir können aber auch ganz entspannt das Fruchtfleisch des Fenchels nutzen, das wir mit einem ganz normalen Mixer zerkleinert haben, so bleibt unser Produkt ganz unversehrt.

Hier das, was für vier Personen notwendig ist:
200 ml Wasser • 250 g Zucker • 2 Fenchelknollen (gereinigt circa 400 g) • 1 Zitrone • 2 Pampelmusen

Zuerst bereitet ihr einen Sirup zu, indem ihr in einem kleinen Töpfchen 150 g Zucker und das Wasser erhitzt und circa 2 min kochen lasst, dann ausschalten und erkalten lassen. Legt das Fenchelgrün beiseite, wascht die Knollen, schneidet sie in Stückchen und kocht sie für circa 10 min. Abschütten, zum Abkühlen unter kaltes Wasser halten und dann pürieren. Mit dem Saft einer halben Zitrone und dann mit dem Sirup vermischen. Das Ganze in die Eismaschine geben und so lange verrühren, bis es die Konsistenz eines Sorbets hat. Wenn ihr keine Eismaschine habt, gebt die Creme in ein Metallgefäß, indem sie maximal eine Höhe von 3–4 cm erreicht und stellt es ins Eisfach. Dann zum ersten Mal nach einer Stunde umrühren und dann jede halbe Stunde, um die Entstehung von Kristallen zu vermeiden. Nach etwa drei Stunden ist euer Sorbet fertig. Wenn ihr eine Eismaschine habt, braucht es circa 40 min, um die rechte Konsistenz zu erzielen, danach ins Eisfach stellen. Das Sorbet 20 min vor dem Servieren vom Eisfach in den Kühlschrank stellen.

Die Pampelmusen schälen, in Stücke schneiden und den Rest ausdrücken, um etwas Saft zu erhalten. In einem kleinen Topf 100 g Zucker mit dem Pampelmusensaft zum Kochen bringen und dann abseits des Herdes mit den Pampelmusenstücken vermengen. Die Stücke auf die Teller verteilen, einen Löffel Saft hinzugeben und dann aus dem Sorbet geformte kleine Kugeln in die Mitte platzieren. Das Ganze mit dem kleingehackten Fenchelgrün garnieren und servieren.

Fenchel-Muffins mit Zitronencreme

Zutaten für 12–14 Muffins
Für die Zitronencreme: Schale von 2 unbehandelten Zitronen • 500 ml Milch • 6 Eigelb • 130 g Zucker • 50 g Mehl
Für die Muffins: 200 g Fenchelknolle • 200 g Butter • 200 g Zucker • 1 Päckchen Vanillezucker • Schale einer unbehandelten Zitrone • 4 Eier • 200 g Mehl • 1 EL Backpulver • 1 Prise Salz • 1 EL Anissamen • Fett für die Förmchen • Puderzucker zum Garnieren

Wir bereiten die Creme zu: Mit einem Kartoffelschäler die Zitronenschalen abtrennen und sie mit der Milch in einem Stieltopf zum Kochen bringen. In der Zwischenzeit in einer Schüssel die Eigelb und den Zucker mit einem Schneebesen vermischen. Das gesiebte Mehl hinzufügen und weiter umrühren, bis es eine glatte Masse wird. Die Milch durch ein Sieb und unter ständigem Rühren langsam einfließen lassen, dann bei geringer Hitze auf den Herd stellen. Unter ständigem Rühren eindicken lassen, bis die ersten Bläschen entstehen. Vom Herd nehmen und in eine Schüssel gießen. Die Zitronencreme mit einer Folie bedeckt kalt werden lassen, bis wir sie brauchen.

Für die Muffins schneiden wir den Fenchel in Würfel, kochen ihn für circa 5 min in Wasser und stellen ihn dann beiseite. Die Butter mit Zucker und Vanillezucker vermengen. Erst die geriebene Zitronenschale und dann die Eier hinzufügen und rühren, bis eine homogene Masse entsteht. Das gesiebte Mehl, das Backpulver, eine Prise Salz, die Anissamen und den Fenchel hinzufügen und gut umrühren.

Die Muffin-Formen fetten, den Teig einfüllen und bei 190 °C für circa 15 min backen. Den Backofen ausschalten und die Muffins bei geöffneter Türe 5 min ruhen lassen. Anschließend mit Puderzucker bestreuen, einen großen Löffel Zitronencreme hinzugeben und servieren.

BRUNO CICCAGLIONE

ist in Italien geboren und aufgewachsen. Er hat in Siena Finanzwirtschaft studiert und war mehrere Jahre in Italien gewerkschaftlich und zivilgesellschaftlich aktiv. Seit 2008 lebt er in Wien und hat hier eine seiner Leidenschaften – das Kochen – zu seinem Beruf gemacht. Er ist Privatkoch und führt Italophile in seinen Kochkursen in die Kunst der italienischen Küche ein. Bruno ist auch Musiker, singt und spielt mit seiner Gitarre, allein oder mit dem Trio Amarcord, neben seinen eigenen Liedern auch jene der besten italienischen Cantautori. Neben dem Fenchel erschienen bei Mandelbaum die *kleinen gourmandisen Artischocke, Zitrone* und *Radicchio*.

www.saporito.at

LITERATUR

Cooked – Michael Pollan, Penguin Press 2013 – (Kochen – Michael Pollan, Verlag Antje Kunstmann, 2015)

Artusi remix – Viaggio nella cucina popolare italiana – Ricette e racconti – Donpasta, Mondadori 2014

Hamlet, Prinz von Dänemark – William Shakespeare, engl. u. deutsch, in der Übersetzung von Schlegel und Tieck, Rowohlt 1964

Erbe di città. Erbe spontanee su marciapiedi, muri, bordi strade nelle città – Giovanni Appendino – Luciano Riccardo – Renzo Salvo, Araba Fenice 2012

REZEPTVERZEICHNIS

mandelbaums *kleine gourmandisen*

Jeweils 60 Seiten | Euro 14,– | Gebunden

ARTISCHOCKE	MORCHEL
AVOCADO	ORANGE
BANANE	PASTINAK
BASILIKUM	PISTAZIE
BIRNE	QUITTE
DATTEL	RADICCHIO
ERBSE	RHABARBER
ERDNUSS	ROTE RÜBE ROTE BETE
FEIGE	SAFRAN
FENCHEL	SALBEI
GRANATAPFEL	SELLERIE
GURKE	SESAM
HEIDELBEERE	SPARGEL
HOLUNDER	STEINPILZ
JOHANNISBEERE	TOMATE
KAKAO	THYMIAN
KARFIOL BLUMENKOHL	VANILLE
KAROTTE MÖHRE	WALNUSS
MANDEL	WEICHSEL SAUERKIRSCHE
MANGOLD	ZIMT
MARONE ESSKASTANIE	ZITRONE
MELANZANE AUBERGINE	ZUCCHINI
MOHN	ZWIEBEL